UNDERCOVER SUPERHELD

VON FLORIAN M. GEDEON

„*Dieses inspirierende, motivierende Buch wird Dir helfen Deine besonderen Fähigkeiten für Erfolg freizuschalten - in jedem Bereich Deines Lebens.*"

-Brian Tracy, Sachbuch-Autor

für meine Oma

UNDERCOVER SUPERHELD

WIE DU DEINEN INNEREN SUPERHELDEN ERWECKST UND MEHR ERREICHST ALS JE ZUVOR

FLORIAN M. GEDEON

www.flooomg.com

BoD – Books on Demand

Norderstedt - 2020

Bibliografische Information der Deutschen
Nationalbibliothek:
Die Deutsche Nationalbibliothek verzeichnet diese
Publikation in der Deutschen Nationalbibliografie;
detaillierte bibliografische Daten sind im Internet
über http://dnb.dnb.de abrufbar.

Lektorat: Livia Unterberger, Erik Spindler

Herstellung und Verlag:

BoD – Books on Demand, Norderstedt

ISBN: 9783752898248

INHALT

EIN SEHR KURZES VORWORT

„ Freude an der Aufgabe bringt

Perfektion in die Arbeit. "

-Aristoteles,

Philosoph 400 v.Chr.

Dieses Buch ist für Dich geschrieben, um Deine Superhelden-Fähigkeiten zu entwickeln.

Eine Sache wollte ich noch klären, bevor Du anfängst zu lesen. Was ist überhaupt ein Undercover Superheld?

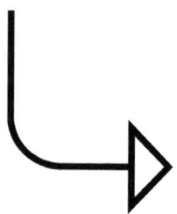

Undercover Superhelden sind die, die sich bemühen und sich dabei großartig* fühlen.

*großartig bedeutet nicht: sich wohl, gechillt oder amüsiert fühlen, sondern motiviert, stark & ausgezeichnet

Wir sind zwar heute die jungen Kinder/Jugendliche, aber eines Tages regieren wir die Welt. Werde ein Superheld und verbessere mit deinen Fähigkeiten Dich und somit auch die Welt.

Ich möchte Dir in diesem Buch zeigen, wie viel motivierter und glücklicher Du durch simple Tipps werden kannst. In Dir steckt nämlich das Potenzial, in einem Bereich, in einer Disziplin oder in einem Fachgebiet brillant zu werden.

Genau diese Potenzial wartet nur darauf, angewendet zu werden. Viel Spaß!

DEINE EMOTIONEN SIND DEINE SUPERKRAFT

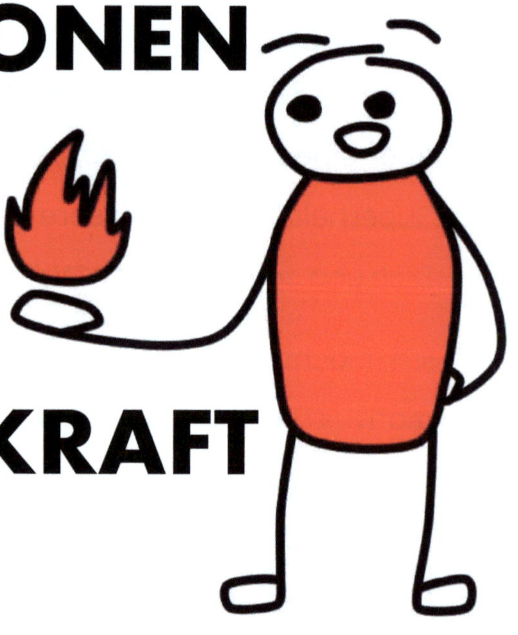

„ Die Qualität deiner Gefühle

ist die Qualität deines Lebens. "

- Tony Robbins,

Erfolgscoach & Motivationstrainer

1

Wie fühlst Du dich, wenn morgens Dein Wecker läutet und Du Deine Augen aufmachst?

Ich glaube, dass dieser Moment der wichtigste an Deinem Tag ist. Falls Du noch nicht mit Vorfreude aus dem Bett stürmst und dankbar bist, dass Du einen weiteren großartigen Tag mit Deiner atemberaubenden Bestleistung füllen darfst, dann bitte ich Dich diese Vision schnellstmöglich anzupeilen, denn diese wunderbare Welt ist nur EIN Buch von Dir entfernt, nämlich genau dieses.

Wie wäre es für Dich, wenn Du eine

⚡ *SUPERKRAFT*

hättest, mit der Du jeden Tag zu einem wirklich großartigen Tag machen könntest?

Alles, was Du je erreichen wolltest, wird immer schneller in Deinen Händen sein und jedes Mal, wenn Deine Bestleistung gefordert wird, wirst Du sie abliefern können. Abends schaust Du dann in den Spiegel und bist massiv stolz auf die Person, die vor Dir steht. Das hört sich schon nach einem großartigen Tag an, oder?

Trotzdem höre ich in der Schule oft folgende Ausrufe:

„Heute ist nicht mein Tag..."

„Heute bin ich nicht gut aufgelegt!"

„Kann dieser Tag überhaupt noch schlimmer werden?!"

Diese Schulkollegen wissen noch nicht, dass SIE SELBST bestimmen können, ob ihr Tag großartig wird oder nicht.

Alle Herausforderungen, die Du als Jugendlicher Tag für Tag erlebst, wirst Du mit links bestehen, wenn Du Folgendes verstehst:

WENN DU DICH

BEMÜHST

UND DICH DABEI

GROSSARTIG FÜHLST,

KANNST DU NUR

ERFOLGREICH WERDEN.

Was meine ich damit? Dein Leben wird von Emotionen gelenkt und Du kannst lernen Deine Emotionen bewusst zu steuern!

Um welche Gefühle geht es hier?

Wenn Du zum Beispiel am Weihnachtstag morgens aufwachst und sofort hell wach aus dem Bett springst, dann waren es Deine Gefühle, die Dich bewegt haben.

In diesem Buch geht es darum, wie Du gezielt die Emotionen erschaffen kannst, die Du zu Deiner eigenen Motivation nutzen kannst, um Deine Wünsche und Visionen schneller wahr werden zu lassen.

Menschen sind aus einem guten Grund die mächtigsten Lebewesen der Erde. Wir können bestimmte Gefühle bewusst erzeugen und steuern, während Tiere nur auf Situationen reagieren können.

Ein Beispiel dafür: Es wurde einmal beobachtet, dass sich ein Elch von einem Förster bedroht fühlte. Dabei stellte das Tier die Haare auf und seine Wut war ihm anzusehen. Kurz darauf attackierte der Elch den Förster.

Ein Mensch hätte sich (hoffentlich) beruhigt und es wäre zu keinem Angriff gekommen.

Was ich damit sagen will: Du bist der Kapitän Deines Kopfes, Deiner Emotionen und somit auch Deiner Zukunft.

Wenn Olympiasieger Usain Bolt gerade kein Rennen läuft, dann trainiert er wirklich hart und erlebt auch manchmal demotivierende Momente. Was ihn jedoch zum weltbesten Sprinter gemacht hat, ist seine Fähigkeit sich durch starke Gefühle zu motivieren und somit immer in Trainingsstimmung zu bleiben.

Das bedeutet, wenn Du Dich jeden Tag so gut fühlst, dass Du Dein Bestes geben willst und Lust hast immer mehr zu erreichen, dann kann Dich nichts und niemand von Deinem Erfolg abhalten, nicht mal die Schwierigkeiten, die dazwischenkommen.

Wenn Du beispielsweise keinen Bock hast etwas zu erledigen, also wenn Du Deine Emotionen nicht im Griff hast, dann kannst Du alle möglichen Erfolgsstrategien austesten und es wird nichts und wieder nichts dabei rauskommen.

Deine Gefühle musst Du zu Deinem Werkzeug machen, um Deine Großartigkeit zu erschaffen.

Die Emotionen sind es, die Krieg oder Frieden ausmachen, zu Angelegenheiten Bock oder keinen Bock machen und sie sind es, die Deinen Tag großartig machen.

Deine Emotionen machen Dein Leben zum Traum oder zur Qual und welches das wird, ist Deine Wahl.

Ich möchte Dir nun zeigen, wie sich eine Reihe von großartigen Tagen auf Dich auswirkt.

Hier ist Der Helden-Kreis:

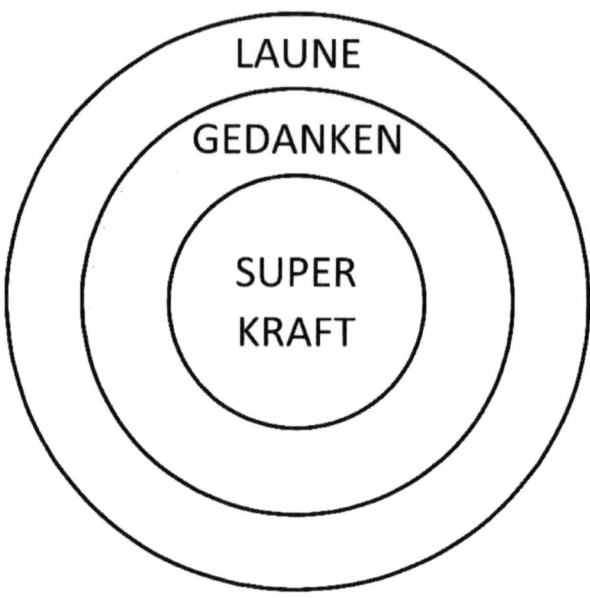

Stell dir vor Deine Großartigkeit sei in einer Zwiebel gefangen. In jedem von uns steckt dieses große Potential. Es ist nur unter den verschiedenen Schichten von schlechter Laune und negativen Gedanken eingeschlossen. Jedes Mal, wenn Du einen tollen Tag hast und Dich nicht von negativen Ereignissen runterziehen lässt, kommst Du eine Schicht näher zu Deiner inneren Großartigkeit.

Wahrscheinlich wusstest Du, dass die Mehrheit der Jugendlichen nicht motiviert genug ist, endlich etwas selbst zu erschaffen, anstatt die ganze Zeit zu konsumieren (Videospiele, Serien, Filme...). Das bedeutet, wenn Du nur ein bisschen mehr Motivation und Begeisterung in einem Bereich Deiner Wahl findest, wirst Du in der Menge als hervorragend angesehen, da Du Dinge selbst erschaffst und nicht nur wie die meisten konsumierst.

Wenn zum Beispiel alle Deine Freunde donnerstag- und freitagabends FIFA spielen und Du währenddessen beim vierten Training der Woche bist, dann bist Du in Deinem Element und entwickelst selber Deine Fußballfähigkeiten weiter. Wenn Du erkennst, was für eine großartige Wirkung so viel Training auf Dich hat, wird Dir der Sport mehr Spaß machen. Dann fühlst Du Dich viel besser und vermisst das FIFA-Spielen nicht mehr (oder zumindest weniger).

Du wirst von vielen massiv

unterschätzt und kannst aus der

Masse hervorragen, wenn Du

mental ein bisschen stärker bist

als der Rest.

Durchschnittliche Jugendliche führen ein Leben, welches von durchschnittlichen Gefühlen geprägt ist. Sie haben noch nicht ihr Element gefunden, in dem sie sich besonders und bedeutend – eben großartig - fühlen.

Wenn Du Deine Angst vor dem Anderssein ablegst und in die Welt der überdurchschnittlichen Leistungen und toller Erlebnisse eintauchst, wirst Du schon jetzt ab dem Jugendalter ein Leben voller großartiger Gefühle leben und Deinen inneren Superhelden entfalten können.

Wie kannst Du Dich nun jeden Tag großartig fühlen?

Genau das wirst Du in diesem Buch erfahren!

HEUTE IST EIN GROSSARTIGER TAG

"Wie kannst Du es wagen, Dich mit weniger zufrieden zu geben, wenn die Welt es Dir so leicht gemacht hat, bemerkenswert zu werden?"

-Seth Godin, US-amerikanischer Autor & Unternehmer

Wecker, Schule, Chillen, bisschen Sport oder Musik und Gute Nacht.

Das beinhaltet ein ganz normaler Wochentag der meisten Jugendlichen heute.

Doch hast Du nicht das Gefühl, dass Du für mehr bestimmt bist? Nur weil vielleicht die meisten um Dich herum „normale" und gewöhnliche Dinge tun, heißt das noch lange nicht, dass Dir Großartiges zu erschaffen verboten ist. Du bist so viel mehr als nur ein Mensch im Jugendalter.

Du hast riesiges, unentdecktes Potential in Dir!

Wenn Du nichts dafür tust, dieses Potential in Dir zu fördern und auszunutzen, dann wird es eines Tages mit Dir ins Grab gehen.

Vielleicht denkst Du jetzt: „Was juckt mich das, wenn ich eh noch jung bin?" Und Du hast recht, vielleicht ist das Dir jetzt noch egal, aber es gibt noch einen Grund, warum Dein Potential jetzt entscheidend ist:

Wissenschaftler haben bewiesen, dass Menschen wie folgt programmiert sind: Wenn Du von Dir selbst etwas verlangst und es auch erreichst, dann fühlst Du Dich automatisch viel besser, als wenn Du von Dir selbst nichts erwartest.

Genau deshalb will ich, dass Du Dich nicht mit einem normal guten Tag zufrieden gibst, sondern Deinen großartigen Tag erschaffst.

Viele durchschnittliche Kinder haben normalerweise einen Alltag geprägt von Demotivation, Stress, Langeweile und Unzufriedenheit. Und weißt Du, was das eigentlich Schlimmste daran ist? Jeder kann seinen Alltag ändern und sich von dieser Misere befreien!

Wie in den vorigen Kapiteln erwähnt, sind Deine Gefühle Dein Leben. Das bedeutet, je großartiger und schöner Dein Tag ist, desto besser ist Dein Leben. Vernachlässige Deine Gefühle nicht, sondern erschaffe Deinen großartigen Alltag! Ein großartiger Tag begeistert Dich, bringt Dein wunderbares Potential zum Vorschein und macht Dich stolzer als ein brüllender Löwe im Zoo.

DAS BEINHALTET EIN GROSSARTIGER TAG:

Ein Kick an **Inspiration**
durch Deine größere Vision

Brennende **Motivation**
Dein Bestes zu geben

Erfüllung durch **Stolz**
beim Sehen der Resultate

Diese 3 Emotionen gehören zu den wertvollsten der Menschheit und leider auch zu den komplexesten! Es gibt noch wenige Jugendliche, die voll inspiriert aufwachen, tagsüber durch brennende Motivation Vollgas geben und abends stolz in den Spiegel sehen.

Wenn Du dieses Buch liest und die beschriebenen Strategien anwendest, wirst Du einer von den glücklichen Besitzern dieser glorreichen Emotionen werden.

Positiver Fokus wird Dich

Inspirieren,

denn es werden Dir mehr Möglichkeiten, Dich zu verwirklichen, einfallen, als je zuvor. Inspiriert wirst Du diese Möglichkeiten in Deinem Kopf zur Realität machen wollen. Vergleichsweise wie, wenn Du ein wirklich gutes Video im Netz zu einem Hobby siehst und es danach selbst ausprobieren möchtest. Das ist der Inspirations-Kick!

Motivation

fühlt sich wie ein Flow beim Surfen an. Er schiebt Dich weiter und weiter, auch wenn es gerade schwierig oder mühsam ist. Du möchtest weiter machen und mehr erreichen. Bei dieser Tätigkeit vergisst Du manchmal sogar die Zeit. Es ist das Gefühl von „Das zieh ich jetzt durch!" Du spürst, dass eine Tat für Dich bedeutend ist und dass sie Dich mega zufrieden stellt.

Was kommt dabei raus?
Ein herzergreifender

Stolz,

der sich von Kopf bis Fuß und über Dein ganzes Gesicht erstreckt. Du denkst Dir dabei: „Um nichts in der Welt will ich jemand anders sein als ich selbst." Stell Dir vor wie es das letzte Mal war, als Du eine Herausforderung gemeistert hast! Eine brillante Test-Note, ein gewonnenes Rennen oder ein selbstgemaltes Bild, das jedem den Atem raubt. Der Stolz hat Deinen ganzen Körper erfüllt. Endlich gehörst Du nicht mehr zu denen, die nur reden und nichts machen. Endlich hast Du etwas selber erschaffen und kreiert. Ich bin mir sicher, dass es ein sehr schöner Moment für Dich war.

Stell Dir das für jeden Tag vor!

Stell Dir vor, Du wärst ein Hochleistungs-Computer. Du hast also eine Software und eine Hardware (=einen Kopf und einen Körper). Wenn Du Dich jetzt mit Computern ein bisschen auskennst, kannst Du mir zustimmen, dass Deine Software öfter verbessert werden kann als Deine Hardware.

Du hast wahrscheinlich schon öfter ein Update auf Deinem Handy oder PC gemacht, als Du Deine Handy-Hardware ausgetauscht hast.

Dasselbe gilt für Deine mentale Einstellung (=Deine Software). Wir sind zwar alle körperlich verschieden, manche sind größer, andere kleiner, doch wenn Du emotional besser drauf bist als andere, wirst Du nicht nur öfter happy sein, sondern auch mehr erreichen als andere, die vielleicht genetisch besser aufgestellt sind als Du. Ich meine, dass Deine Software Deine Hardware zu bemerkenswerten Bestleistungen bringen kann.

Wenn Du nun die 3 glorreichen Emotionen (Inspiration, Motivation und Stolz) in Deinen Alltag einbauen willst, brauchst Du einige äußere Faktoren, um die Gefühle zu generieren. Genau diese Faktoren wirst Du in den folgenden Kapiteln dieses Buches erfahren.

Diese Emotionen werden Dich nicht nur erfolgreich, sondern auch mega happy machen.

Das hört sich nicht nur vielversprechend an, sondern ist tatsächlich wahr. Du kannst glücklich und erfolgreich zugleich werden. Die Dinge, die Du tun kannst, um Erfolg zu haben, sind gleichzeitig die, welche Dir auch die größte Menge an Zufriedenheit und Stolz geben. Kannst Du Dich an Dein letztes anstrengendes aber spaßiges Sport-Training erinnern, bei dem Du einfach die Zeit vergessen hast? Egal, ob Fußball, Crossfit oder Tennis, nach dem Trainieren hast Du Dich bestimmt zufrieden und ausbalanciert gefühlt. Also warst Du fast mega happy. Zusätzlich hast Du auch hart und gut gelaunt Sport gemacht. Also bist Du Deinem Erfolg im Sport näher gekommen.

Das ist der Kreislauf der Sieger:

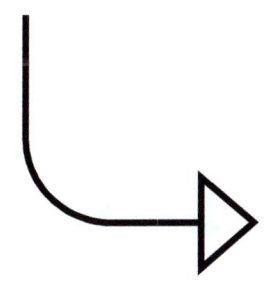

Inspiration weckt dich.

Motivation bewegt dich
vorwärts.

Stolz belohnt dich für
deine Bemühung.

Das ist der Kreislauf der Sieger. Diesen musst Du eines Tages erleben, sonst verpasst Du den

HIMMEL AUF ERDEN.

„Wozu sterben, um in den Himmel zu kommen, wenn die Erde sowieso schon im All ist?" – Prince EA

Wie schon erwähnt, wenn Du Dich großartig fühlst (mit diesen 3 Emotionen) wirst Du auch großartige Dinge vollbringen können.

Also lass uns keine Zeit verlieren, legen wir los!

GUT GELAUNT ZUM ERFOLG

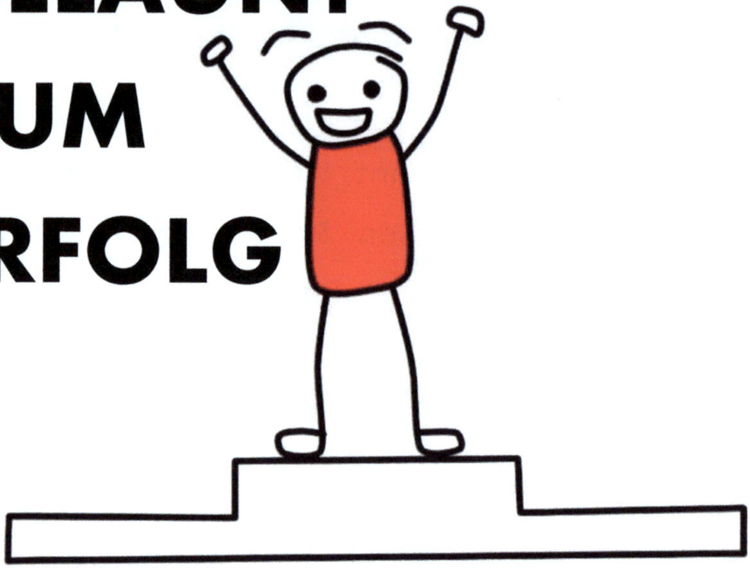

"Erfolg ist das Gehen von Misserfolg zu Misserfolg, ohne dabei die Begeisterung zu verlieren. "

-Winston Churchill, Ehemaliger Premierminister von Großbritannien

Als mein Bruder noch ein kleines Kind war,

hat er sich an einem Montagmorgen den Zeh am Tischbein angestoßen. Au! Wir alle wissen wie unangenehm das ist...

Was danach passierte, faszinierte mich. Der Arme hatte nur wegen dem Zwischenfall am Morgen den ganzen Tag hindurch schlechte Laune. Er dachte, wenn es morgens schon so schlecht losgeht, wird der Tag bestimmt noch Schlimmeres bringen.

Und dieser Gedanke hat seinen Tag ruiniert. Du denkst wahrscheinlich, sein Tag wäre schlecht, weil er seinen Zeh gestoßen hat, aber in Wirklichkeit war es ein Gedanke, den er den ganzen Tag hindurch wiederholte. Nämlich: „Welches Pech kommt wohl als nächstes?!"

Der Unterschied

zwischen

großartigen

und schlechten Tagen

ist deine Einstellung

und Laune!

Das bedeutet, wenn mein Bruder trotz seines angestoßenen Zehs auf das Positive am Tag geschaut hätte, wäre sein Tag gerettet gewesen. So hätte er vermieden, die ganze Zeit schlechte Laune zu haben und auf Schlechtes zu warten, denn wenn Du etwas erwartest, dann kommt es früher oder später.

Diese gute Laune ist das ultimative Fundament der Großartigkeit, denn schlecht gelaunt wird nichts klappen. Gut aufgelegt zu sein wird Dir erlauben bis zum Erfolg unaufhaltbar zu bleiben. So kann Dich nichts runterkriegen.

Das hört sich zwar sehr theoretisch an, wurde aber vom Metaphysiker Dr. Joe Vitale bewiesen. So, beschreibt er es im Film „The Secret":

„Es ist sehr wichtig, dass Du Dich gut fühlst, denn dieses gute Gefühl wird als Signal ins Universum gesendet und beginnt, mehr von seiner Sorte anzuziehen."

Wenn Du Dich also darauf fokussierst, dass Du einen großartigen Tag haben wirst, dann wird Dir mehr Gutes passieren. Als aller ersten Schritt um Großes zu schaffen, kannst Du auf Deine Laune am Tag achten. Eine positive Stimmung wird Dich zu Deinen persönlichen Bestleistungen bringen, die Dich bemerkenswert und stolz machen werden. Nun folgt das genaue Rezept für gute Laune jeden Tag:

ZUTATEN FÜR DIE GROSSARTIGE LAUNE JEDEN TAG:

Gesamt: 100g

10g Positiver Fokus

70g Möglichkeiten sehen

20g Humor haben

Schritt für Schritt innerhalb

von 24h zusammenmixen

Diese Liste beinhaltet die genauen Zutaten, die Deine Stimmung gut machen und Dich aufmuntern. Fehlt eines von denen, wird es spürbar.

Du kannst Dir vorstellen, dass ein toller Tag nicht mit einer negativen Einstellung zu Stande kommen kann. Das bedeutet, wenn Du Dich von Minute 1 an auf das Gute fokussierst, werden Dir auch die unangenehmen oder stressigen Kleinigkeiten nicht den Tag verschlechtern. Wenn ich morgens aufstehe, zum Fenster hinausschaue und sehe, dass es regnet, geht mir folgendes durch den Kopf: „Heute ist zwar schlechtes Wetter, aber das hindert mich kein bisschen daran der Welt zu zeigen, dass ich immer und überall meine Glanzleistung abliefern kann."

Das nächste Mal, wenn Du wegen Regen schlechte Laune bekommst, erinnere Dich daran, dass alles eine Frage der Perspektive ist.

Meiner Meinung nach ist ein Glas dazu da, dass es gefüllt wird. Daher muss ein Glas immer halb voll sein, weil es vollgemacht werden soll.

Betrachte das Glas immer als halb voll und trinke jeden Tropfen, den Du an einem Tag bekommst!

Ich weiß, dieses Beispiel mit dem Glas kennt gefühlt jeder schon, doch wenn sie es alle schon wissen, wieso machen es dann nicht alle?

Im Grunde will ich sagen, dass Dich positives Denken weiterbringt als Jammern und dass Du jede Sekunde des Tages für das Großartig-werden verwenden kannst!

Du kommst mit positivem Denken und mit dem Fokussieren auf Möglichkeiten viel weiter als mit negativen Gedanken und Rumsitzen.

Wenn wir schon bei Möglichkeiten sind, möchte ich, dass Du Dir Folgendes vorstellst:

Kennst Du diese Situation, wenn es Dir gerade blendend geht, Du gerade eine tolle Zeit hast und plötzlich so ein unwohles Gefühl kommt? Du denkst kurz nach und Dir fällt ein, dass Du in zwei Tagen

Matheschularbeit/-klassenarbeit schreibst (und noch nicht so viel geübt hast).

So hast Du auch keine Lust Dich hinzusetzen und zu lernen. Wenn Du aber umdenkst, wird Dir auffallen, dass der Test in Wirklichkeit eine Möglichkeit ist, um Deine Traumnote zu bekommen und zu zeigen, dass Du es in diesem Fach draufhast oder um Dich zu freuen, dass Du dieses langweilige Fach endlich hinter Dir hast.

Viele von uns tendieren dazu die Probleme auf dem Weg zum Ziel zu sehen, anstatt diese als Lernmöglichkeit beziehungsweise als Verbesserungsmöglichkeit zu erkennen. Es wird bei jedem Ziel, bei jedem großen Ziel vor allem, Hindernisse geben, die manchmal aber auch Möglichkeiten mit sich bringen. Warum? Weil während wir ein „Problem" beheben oder eine Herausforderung durchgehen, entwickeln wir uns weiter.

So wandelst Du langsam alle Hürden und Hindernisse zu Sprungbrettern um, die Dich weiterbringen oder sogar schneller zum Ziel befördern.

Wie Du siehst:
Alles hängt von
Deiner Sichtweise ab.
Die Realität ändert
sich nicht. Eine Schularbeit ist und bleibt das, was Du aus dieser machst, es ist immer Dir überlassen.

Ein weiterer wichtiger Punkt, um Deinen Tag unaufhaltbar großartig zu machen und Dich nicht von kleinen negativen Ereignissen runterziehen zu lassen, ist: Habe Sinn für Humor!

Es gibt nichts Schlimmeres als Menschen, die alles zu ernst nehmen und sich über Kleinigkeiten aufregen. Deshalb denke Dir immer, wenn etwas daneben geht, dass Du damit eine super lustige Story erzählen kannst. Wenn Du also bei kleinen Problemen mehr lachst, wird Deine gute Laune die Lösungen herbei bringen. Hier ein Beispiel dazu:

Eine Gruppe von fünf Mädchen geht spazieren. Es hat vor zwei Stunden geregnet, aber jetzt scheint die Sonne. Die Gruppe der fünf Mädchen spaziert über eine Wiese. Auf einmal rutscht ein Mädchen aus und landet mit großem Schwung im Matsch einer Pfütze.

Jetzt gibt es zwei Möglichkeiten, wie dieses Mädchen reagieren kann. Versuche heraus zu finden, was besser ist!

Nummer 1

Das Mädchen ist voller Matsch und fängt an sich mega aufzuregen. Sie flucht und geht dann betroffen nach Hause. Alle anderen haben nur Mitleid mit ihr und cringen sich dahin.

Nummer 2

Das Mädchen ist voller Matsch und fängt an zu lachen. Sie macht Witze über sich und nimmt alles mit Humor. Sie geht nicht nach Hause, weil sie weiß, dass ihre Kleidung sowieso an der Sonne bald trocknet. Alle anderen lachen laut mit ihr mit und wünschten sich vielleicht sogar selbst in den Matsch geflogen zu sein.

Hast Du das Bild vor Deinen Augen? Story Nummer 2 war natürlich deutlich cooler, weil sie es mit Humor gesehen hat.

Wenn Du nun alle diese drei Punkte (Positiver Fokus, Motivation, Stolz) verstanden hast und jeden Tag gut aufgelegt bist, wird eine Reihe von großartigen Tagen auf Dich zukommen, denn dies waren die drei Basics für mentale Stärke. Sie sind wichtig, damit nichts und niemand Dich von Deiner positivem Einstellung zum Leben abhalten kann.

Menschen, die das Gute im Tag suchen, sind meistens die, welche es auch finden.

Nun weißt Du wie Du jeden Tag gut gelaunt sein kannst und somit hast Du auch Dein Fundament für das Großartig- werden gelegt.

In den nächsten 3 Kapiteln zeige ich Dir wie Du jeden Tag zu einem großartigen und Erfolg bringenden machen kannst.

Nun komme ich zu der genauen Anleitung, die viele Menschen schon erfolgreich und großartig gemacht hat.

Da Du jetzt gut gelaunt bist, können wir uns weiter ins Großartig-werden stürzen!

Wollen, Machen, Erleben.

WOLLEN...

"Wenn Du es träumen kannst, kannst Du es auch schaffen."

- Walt Disney,
Trickfilmzeichner & Filmproduzent

In der Schule habe ich eines über uns Menschen gelernt. Wir waren mal unser Leben lang Jäger und Sammler.

Wir waren aktive Jäger. Wir sind Tieren stundenlang nachgerannt, um sie zu erlegen und zu essen. (Sorry an alle Veganer.)

Jetzt denkst Du Dir vielleicht, dass nur Erwachsene auf die Jagd gingen. Aber ihre jugendlichen Kinder würden ja eines Tages das Jagen übernehmen, deshalb nahmen sie Jugendliche auch auf die Jagd mit.

Die Jugendlichen lernten, wie es ist, etwas stark zu wollen und etwas dafür zu tun, um es schließlich zu erreichen.

Sie wollten dieses Mammut erlegen, machten einen Schlachtplan und jagten das Mammut, um eine Mahlzeit für die Familie zu besorgen.

Das war in unser Fleisch und Blut übergegangen.

Ein Wille,

ein Plan,

ein Erfolgserlebnis.

Kommen wir zurück in unser Zeitalter.

Wir Jugendliche haben oft nur wenige Ziele, die wir unbedingt erreichen wollen und für die wir alles Menschenmögliche machen würden, um sie zu erreichen.

Verstehst Du? Es geht immer wieder um das

Wollen, Machen und Erleben.

Heute brauchen wir im Jugendalter diese 3 fundamentalen Einstellungen, um Großartiges zu erreichen!

Wenn ich in ein Zimmer von einem heutigen Teenager sehe, würde ich ihn nicht am Jagen vorfinden, sondern am Chillen.

Das ist so, als wäre ein Urmensch immer in seiner Höhle. Das hält ihn aber von seinen Hauptaufgaben ab, nämlich vom Jagen und Sammeln.

Du bist ein starker Charakter, aber übermäßiger Konsum und Komfort haben dich weich gewaschen.

Das Übermaß an Serien- und Videos-Schauen hat mehr Träume zerstört, Unzufriedenheit erschaffen und Großartigkeit verhindert als alle anderen heutigen Traumzerstörer bei Jugendlichen. Großartigkeit wird nämlich nur erkannt, wenn Du etwas selber erschaffst und nicht nur konsumierst.

Der ursprüngliche Mensch hat für seinen Konsum gejagt. Heute wird ein Knopf gedrückt und alles ist da.

Kein Wunder, dass wir Jugendliche als unmotiviert bezeichnet werden, denn uns wurde nicht so viel zum Jagen gezeigt!

Ich möchte Menschen motivieren. Deshalb zeige ich Dir wie Du deine Jagd nach Deinen Visionen am besten angehst. (Mit Vision meine ich die Erfolgsbilder, die Du siehst, wenn Du die Augen zumachst.)

Viele wissen gar nicht wie riesig dieses Gefühl ist, wenn man große Pläne hat und alles für diese Mission tut. Du fühlst Dich dann so als würde die Welt auf Dich zählen und Dich anfeuern, damit Du eines Tages Deine Vision zur Realität machst.

Die Welt wartet auf großartige Menschen wie Dich!

Du kannst die Menschen in Deiner Umgebung mit Deinen großartigen Fähigkeiten begeistern.

In diesem Kapitel erfährst Du wie Du Deine Vision und Deine Ziele erstellen kannst, um Dich jeden einzelnen Tag großartig, motiviert und stolz beim Hinarbeiten zu fühlen.

VISION

(Das Bild in Deinem Kopf von Deinem Erfolg.)

Viele Jugendliche habe nur eine grobe Vorstellung von dem, was sie eines Tages mal erreichen wollen. Doch wie soll ich an einem Ort ankommen, wenn ich die Adresse nicht vollständig kenne? Um Deine Großartigkeit zu entfalten, Ziele und Visionen zu verwirklichen, brauchst Du nicht nur eine grobe Vorstellung. Je detaillierter Deine Vision und Deine Ziele sind, desto schneller wirst Du sie in Deinen Händen halten. Toll, oder?

Je genauer Deine Ziele sind, desto schneller wirst Du sie erreichen!

Da Du jetzt weißt, wie wichtig konkrete Visionen sind, bleibt uns nur eine Frage:

Wie erstellst Du Deine genaue Erfolgsvision?

1. Messbar

Ziel: *„Ich werde gut im Schwimmen.“*

„Gut“ ist schwer zu messen. Wenn Du es aber anders sagst, dann wirst Du Dein Ziel messen können:

„Ich verbessere meine Zeit im Rückenschwimmen um 10 Sekunden in 3 Monaten.“

Die wichtigste Eigenschaft Deiner Vision ist die Messbarkeit, denn was Du messen kannst, ist auch klar zu erreichen. Im Sport ist das nicht so schwer, wie Du siehst. Bei anderen Aktivitäten, wie zum Beispiel Instrumente spielen oder Singen, sind die richtig gespielten/gesungenen Noten auch leicht zu messen. Miss Deinen Fortschritt, dann wirst Du nach ein paar Wochen staunen wie viel Du geschafft hast! Und das motiviert Dich weiterzumachen und Ausdauer zu haben. Ohne Deine Verbesserungen zu dokumentieren hättest Du sie gar nicht gemerkt. Das ist auch ein Grund, warum viele Jugendliche nicht motiviert genug sind. Sie messen und sehen ihren Fortschritt nicht!

Abhängend davon was Dein Ziel ist, kann es natürlich auch passieren, dass Du manchmal keine Fortschritte machst. Das ist schwer zu überstehen, aber wenn Du weiter dranbleibst und nicht aufgibst, kannst Du nur besser werden.

Ein anderes Beispiel: Du bäckst gerne abgefahrene Torten, doch Du hast keine Zeit dafür, weil es immer so lange dauert. Dein Ziel könnte sein, eine bestimmte Torte unter 2 Stunden fertigzustellen (z.B. durch Übung).

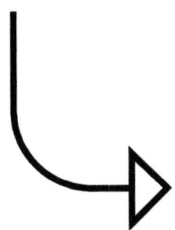

2. Für Dich Erreichbar

Der nächste wichtige Punkt beim Entwickeln Deiner Vision ist, dass das Ziel für Dich erreichbar sein muss. Erstens musst Du selbst innerlich voll und ganz davon überzeugt sein, dass Du es schaffen kannst. Zweitens muss es für Dich physisch (körperlich) möglich sein. Wenn Du zum Beispiel schon mal am Knie operiert wurdest, solltest Du nicht den Traum haben, Schi-Springer zu werden. Du verstehst, was ich meine? Ich möchte nur, dass Du die Ziele, die Du aufstellst, tatsächlich auch erreichst. Also achte auf die Erreichbarkeit und Machbarkeit Deiner Vision. Wenn sie für Dich möglich ist, kannst Du innerlich fest an das Vollbringen glauben, somit bist Du auf dem besten Weg zum Erfolg.

Cristiano Ronaldo begann als Kind Fußball zu spielen. Er mochte den Sport sehr und sein Vater unterstützte seine Begeisterung auch. Nach Jahren an Training sah Ronaldo selbst, dass er ein

Weltklasse-Fußballspieler werden kann. Somit erstellte er eine <u>für ihn</u> glaubwürdige Vision, welcher er mit aller Kraft nacheiferte. Die Betonung liegt hier auf <u>für ihn</u>, denn als Kind glaubte ihm nicht jeder, dass er eines Tages zu den Besten gehören wird.

3. Deadline (Bis wann...)

Dieser Punkt fehlt bei vielen Jugendlichen und hält sie oft davon ab überhaupt anzufangen. Sie sagen oft:

„Eines Tages werde ich..."
„Irgendwann mal möchte ich..."
„Nächstes Jahr mache ich vielleicht..."

Doch das sind keine genauen Zeitangaben. Deadlines sind für Dich sowohl ein Richtwert als auch eine Motivation. Wenn Du aber sagst, Du machst es irgendwann, heißt das meistens nie. Wähle deshalb ein genaues Datum, bis wann Du dieses Ziel erreichen willst, musst und wirst!

Das erhöht die Motivation und die Wahrscheinlichkeit, dass Du es wirklich durchziehst. Manchmal ist die Deadline vorgegeben (z.B.: für eine Anmeldung) und manchmal kannst Du Dir eine Deadline selber setzen.

So funktioniert es!

Aus diesem Ziel:

„Irgendwann mal möchte ich für die Nationalmannschaft Fußball spielen."
...wird dann:
„Am 1. September 2023 werde ich für die Nationalmannschaft spielen."

Eigentlich easy, oder? Und wenn Du nicht weißt, wie lange es dauern würde, recherchiere einfach im Internet oder schätze die Deadline. Hauptsache, Du hast ein Zeitlimit.

Als LeBron James, einer der besten Basketballspieler in der US-amerikanischen

Basketballliga NBA, in diese Liga geholt wurde, musste er viele Tests bestehen und diese auch rechtzeitig. Er war nämlich ein Kind aus einer armen Familie und hatte keine andere Perspektive, als sein unglaubliches Basketballtalent anzuwenden. Deshalb trainierte LeBron sehr hart, um vom College aus in die NBA eingezogen zu werden. Dieser Termin der NBA Test war seine Deadline und er hat sie gemeistert.

4. Ein Grund Zum Erreichen

Bei den meisten Menschen, die sich ein cooles Ziel setzen, ist die Motivation am Anfang sehr hoch. Mit der Zeit nimmt sie leider stark ab. Aber warum? Es ist doch ein super Ziel... Es liegt daran, dass sie sich nicht erinnern, warum sie sich überhaupt dafür entschieden haben! Der Grund, das Warum, die Inspiration hinter dem gesetzten Ziel, ist in den Hintergrund geraten. Ich möchte nicht, dass Dir so etwas passiert. Darum notiere einen Grund, warum Du Deine Vision erreichen willst.

Das kann jede Art von Grund sein.

Weil Du damit die Welt verbessern willst. (...mit Deiner Superkraft)

oder:

Weil es Dich einfach happy macht. Alles gute Gründe, um Dir großartige Visionen zu erstellen.

Als Gary Vaynerchuck noch ein Kleinkind war, wanderte in den 1970er Jahren mit seiner Familie aus Weißrussland nach Amerika aus. Er kam aus einer vergleichsweise armen Familie, für die sein Vater Tag und Nacht arbeitete. In der Grundschule entdeckte er seine Begeisterung für Business und besaß bald mehrere Limonadenstände zusammen mit Freunden. Von diesem Jahr an wusste er, dass

Unternehmer zu werden seine Vision war. Der Grund hinter seiner Vision war, dass er das Unternehmertum (ein Geschäft zu besitzen) von klein auf <u>liebte</u> und gleichzeitig seine Familie aus der Armut befreien konnte. Heute gehören ihm Firmen, die mehrere Millionen wert sind.

5. Belohnung & Strafe

Eine weitere Taktik für das Aufstellen Deiner Vision sind Belohnungen und Strafen. Wenn Du zum Beispiel eine sehr gute Note in Mathe haben willst, kannst Du Dir als Belohnung nach dem Erreichen einen Thermen- oder Wasserparkbesuch von Deinen Eltern wünschen. Spaß für die ganze Familie und Du lernst motiviert Mathe. Win-Win.

Arnold Schwarzenegger war sehr erfolgreich als Bodybuilder, Schauspieler, Unternehmer und Politiker. Diese Motivation, die Arnold in so vielen Gebieten erfolgreich gemacht hat, ging von seinem

Vater aus. Arnold musste als Kind schon bei Anzeichen von undiszipliniertem Verhalten viele Liegestütz machen oder als kleine Strafe Holz hacken gehen. Er hat ihm Disziplin und Motivation beigebracht. Letztendlich hat es sich auch ausgezahlt. Also verwende Belohnungen und Strafen als Motivation, um an Deinem Ziel dranzubleiben.

Ich persönlich bin für mehr Belohnungen als Strafen, aber Du kennst Dich selbst besser.

6. Jeden Morgen Ziele aufschreiben

Dieser Tipp wird massiv unterschätzt. Viele Menschen nehmen sich Dinge vor, die sie schaffen möchten, aber vergessen schon nach ein paar Wochen, was das überhaupt war! Du kannst Dir vorstellen wie hoch ihre Erfolgswahrscheinlichkeit ist, wenn sie ihr Ziel schon längst vergessen haben.

Um Deine Vision jederzeit im Kopf zu behalten, sie als Priorität zu haben und wirklich zu erreichen, kannst Du Dir die Ziele jeden Morgen auf einem Zettel neben Deinem Bett notieren. Ganz einfach und sehr wirkungsvoll!

7. Visualisieren

Einstein sagte einst:

„Fantasie ist wichtiger als Wissen.“

Laut ihm ist Wissen begrenzt, aber Vorstellung unbegrenzt. Wenn Du Dir Deine Vision jeden Tag vorstellst und sie durchfühlst, wirst Du sie mit höherer Wahrscheinlichkeit erreichen. Dein Kopf wird nämlich nach Wegen suchen, um diese Vorstellung wahr zu machen.

Weißt Du, was das Ziel eines Gedankens in Deinem Kopf ist? Das Ziel eines jeden Gedanken ist die Verwirklichung. Das bedeutet, in Deinem Kopf sind die Ideen ständig in einem Gefecht um die Umsetzung. Der Gedanke, den Du am häufigsten denkst, wird eines Tages wahr werden. Deshalb ist Visualisieren so effektiv.

Mache also jeden Tag kurz Deine Augen zu und tagträume über Dein Ziel! Stelle es Dir mit allen Sinnesorganen vor, wie es in Deinem Erfolg ist und siehe Deine Vision als hättest Du sie schon erreicht!

Wie sieht es in Deinem Erfolg aus, wie hört es sich an, wie fühlst Du Dich dort und welche Leute sind um Dich herum? Erlebe das alles in Deinem Kopf!

Drucke Dir auch Bilder von Deinen Visionen aus oder speichere sie als Hintergrundbilder auf Deinem Handy und tue alles, um Dir die Bilder immer wieder in den Kopf zu rufen!

Conor McGregor gewann mehrere große Champion Titel als Mixed Martial Arts Kämpfer. In Interviews beschrieb er das Gesetz der Anziehung. Er selbst stellte sich die Siege mit der Übergabe vom goldenen Gürtel immer wieder vor und durchlebte sie. Somit zog er seine Erfolge metaphysisch an und war stark motiviert für hartes Training.

Die Macht der Begeisterung und Visualisierung

Ich möchte Dich kurz an Deine Macht erinnern, die Du schon die ganze Zeit in Dir trägst.

Die Macht der Überzeugung:

Überzeugung ist eine feste, unerschütterliche Meinung – oder ein fester Glaube. (laut Wikipedia)

Die Stärke der Überzeugung zeigt der sogenannte Placebo-Effekt sehr gut.

Jemand hat zum Beispiel Kopfschmerzen und der Arzt gibt eine Tablette und sagt, dass sie ein Schmerzmittel ist und dass sie ihm helfen wird. Obwohl diese Tablette gar kein Schmerzmittel beinhaltet, sondern nur Füllmittel, wird der Patient mit hoher Wahrscheinlichkeit wenig später melden, dass seine Kopfschmerzen weg sind. Das kommt davon, dass er überzeugt war, ein Schmerzmittel bekommen zu haben, das ihm helfe.

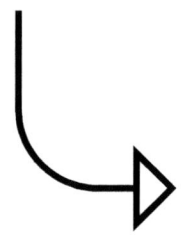

So gut wie egal, was Du
erreichen willst,
es ist möglich,
wenn Du stark genug
daran glaubst.

Ich weiß, Du kennst diesen Spruch wahrscheinlich schon und kannst ihn schon nicht mehr hören, doch Du musst ihn verstehen. Glaube daran, dass Du es schaffst Deine Ziele zu erreichen! So verwendest Du Deine mentale Überzeugung für Erfolg...

In der zweiten Story geht es nicht um Überzeugung, sondern um die Auswirkungen des Visualisierens.

Die Macht der Visualisierung – Die Zwei Basketball Teams

Wissenschaftler stellten um 1980 zwei Gruppen von mittelmäßig guten Basketballspielern/innen zusammen, also gleich gute Spieler, die wissen wie man Basketball spielt und wie man den Ball wirft usw...

Dann machten sie eine Challenge mit ihnen. Das Team, welches die meisten Freiwürfe trifft (das ist wie Elfmeter im Fußball), gewinnt. Sie spielten eine Runde und schrieben die Punkte, die jeder geworfen hat, auf und addierten diese pro Team.

Nach diesem Test machten beide Teams ein drei Wochen langes Freiwurf-Training. Aber es gab einen Unterschied zwischen den Trainings der beiden Mannschaften. Die erste Gruppe trainierte jeden Tag eine volle Stunde ganz normal Freiwürfe. Das war Gruppe 1.

Gruppe 2 hingegen fasste den Ball drei Wochen lang nicht an. Team 2 visualisierte nämlich. Sie machten jeden Tag eine halbe Stunde die Augen zu und stellten sich vor, wie sicher und genau sie den Ball in den Korb treffen. Sie visualisierten täglich wie sie werfen und wirklich in den Korb treffen. Drei Wochen vergingen und die zwei Gruppen trafen sich erneut für die Challenge. Sie warfen und warfen und warfen.

Das Ergebnis überraschte die Teams. Die zweite Gruppe war ein bisschen besser! Die Visualisierer waren besser als die Trainierenden. Man muss dazu sagen, die Gruppen wussten schon wie man richtig wirft, aber konnten es nur nicht richtig ausführen.

(Das ist immer so: Man lernt eine Technik und dann übt man.) Jetzt solltest Du nicht denken, dass Du Meister im Klavierspielen wirst, indem Du nur daran denkst, denn dieses Beispiel handelt von nur _einer_ Bewegung (dem Freiwurf) und nicht von Bewegungsreihen (Also für Klavier musst Du schon deutlich mehr üben). Trotzdem verstärkt Visualisierung die Effektivität Deines Trainings/Deines Übens immens.

Unser Gehirn ist erstaunlich mächtig. Und Du kannst es nutzen. Es gehört Dir. Also, wenn Du Dein cooles Ziel hast, stelle Dir vor, es wäre schon da. Also, sage nicht:

„Ach, wie schön es wäre…"

oder

„Eines Tages werde ich es haben…"

Stelle Dir vor Du hast es JETZT schon erreicht. Jetzt hier gerade vor Dir. Wie fühlst Du Dich dabei, wie schaut Deine erfolgreiche Realität aus, wie hört sie sich an – stelle Dir all das vor und arbeite dann begeistert darauf hin.

„Wenn Du im Kopf dort bist, wirst Du es mit dem Körper auch dorthin schaffen."

- Film: The Secret

Das waren die zwei Mächte, (Überzeugung und Visualisierung) die Du unbedingt für das Erreichen Deiner starken Vision brauchst.

Habe ein starkes Verlangen nach Deiner Vision!

Eric Thomas, einer der bekanntesten Motivationsredner Amerikas, erzählt eine bewegende Geschichte über das Wollen und Verlangen.

Ein Junge kam eines Tages zu einem Guru und wollte genauso erfolgreich werden wie er. Darauf lachte der Guru und verkündete dem Jungen, dass er am nächsten Tag um 5 Uhr morgens zum Strand kommen soll.

Darauf antwortete der Junge: „Meister, ich möchte erfolgreich werden und nicht schwimmen gehen."

Der Guru bestand auf sein Wort und der Junge stimmte sich wundernd zu.

Am nächsten Morgen um 5 Uhr trafen sich die beiden am Strand. Der Guru befahl dem Jungen, ins Wasser zu gehen. Daraufhin ging der Junge knietief ins Wasser. Der Meister wollte, dass er weiterging. Dann war der Junge schon auf Hüfthöhe im Wasser. Doch der Guru bestand darauf, dass er weiter ins Wasser ging.

Das Spiel ging immer so weiter bis der Junge bis zur Nasenspitze im Wasser war. Plötzlich kam eine Welle und der Junge verlor den Sandboden unter den Füßen. Unterwasser strampelte er eine Minute lang wild mit Händen und Füßen, versuchte wieder nach oben zu gelangen, denn ihm ging die Luft aus.

Im nächsten Moment ergriff ihn eine Hand und zog ihn an Land. Nach Luft schnappend und Wasser spuckend fragte der Junge den Guru: „Meister, wieso schickt ihr mich so tief ins Wasser?"

Darauf sagte der Guru: „Du wolltest wissen, wie du so erfolgreich wirst wie ich. Du hast gerade das Geheimnis des Erfolgs erfahren. Wenn dein Verlangen nach Erfolg genauso groß ist wie dein Verlangen nach Luft, dann wirst du erfolgreich!"

Das hört sich jetzt sehr brutal und übertrieben an, doch was ich damit sagen will, ist, dass Du Dir solche coolen und realen Ziele setzen solltest, für die Du auch ein großes Verlangen hast.

Stelle Dir solche Visionen und Ziele auf, nach denen Du starkes Verlangen hast!

Wenn Du nun ein paar coole Ziele aufgeschrieben hast und Deine reale Vision im Kopf siehst, können wir loslegen und diese wahr werden lassen!

MACHEN...

"Mit Antrieb und ein bisschen Talent kannst Du Berge versetzen."

- Dwayne The Rock Johnson,

Filmstar & Wrestler

Du kannst heutzutage so viel einfacher außergewöhnlich Großartiges erreichen und mit Deiner Brillanz Massen begeistern wie nie zuvor.

Du, als großartiger jugendlicher Mensch, kannst Dir in Deinem Umfeld immens viel Respekt und Ehre aufbauen, indem Du folgendes machst:

Zeige es mit Deinen Taten, rede nicht nur darüber!

Machen, was Du sagst, ist ein simpler und effektiver Lebensstil, um Erfolg zu haben. Hier ist der Grund dafür: Stell Dir vor Dein Leben ist ein Buch. Ein Buch mit Kapiteln. Ein Buch mit Anfang und Ende. Am Ende des Tages werden nur die Sachen im Buch stehen, die Du tatsächlich auch gemacht hast. Hast Du jemals eine Biografie gelesen, die voll mit nicht-vollbrachten Plänen war und nichts Konkretes vom Leben und Wirken der Person beschreibt? Ich nicht.

Für Deine Ziele alles Nötige zu tun wird Dich noch zusätzlich mega happy machen. Warum? Weil Du dann Deine Fortschritte siehst.

Das heißt, Du kannst NUR ein positives Ergebnis haben in Deinem Leben, wenn Du eine Bemühung zeigst. Und nur reden ist keine Bemühung.

Ich rede hier nicht von nächtelangem Schuften oder sklavenähnlichem Arbeiten. Ganz und gar nicht! Ich meine das Anstreben einer von DIR gewählten und gewollten Vision.

Das „Arbeiten" muss sich für Dich gut anfühlen!

Machen ist die Mutter des Erfolgs.

Stell dir mal vor in den Mission Impossible Filmen würde Tom Cruise die Missionen nur planen und nie ausführen. Dann würde sich niemand den Film ansehen wollen, denn im Reden und Planen ist weniger Spannendes enthalten. Du und ich, wir wollen sehen, wie Tom diese Bösewichte austrickst und eliminiert. Du bist so viel interessanter, wenn Du Deinen Leidenschaften nachgehst und für Dich besondere und bedeutende Dinge erschaffst.

In diesem Kapitel zeige ich Dir die genauen Strategien, wie Du Deine Visionen erreichst und Großartiges schaffen kannst!

Verbessere Dich

Feierst Du auch James Bond? Warum finden ihn eigentlich so viele Menschen toll? Weil er ein Meister seines Handwerks ist.

Er kann die Verbrecher ausschalten, er kann untertauchen, von Dächern springen, beherrscht Autos, Flieger, Helis und Boote mit links und kann besser zielen als alle anderen. Er hat einen Job und ist gut darin, wenn nicht sogar der Beste.

Jetzt nehmen wir mal kurz an, James Bond wäre eine echte Person. Hat er in seinem Job viele Jahre Training und Anstrengung durchgemacht, um der Beste zu werden? Ja. Und warum? Er hat sich dabei großartig gefühlt und die Tatsache, dass ihn jetzt alle kennen, kommt davon, dass er so gut ist. Ich will damit sagen, dass Leute dann zuschauen, wenn sie sagen können „WOW! Der ist echt in seinem Element!" Und das ist ein gutes Gefühl. Wir alle wollen Anerkennung.

Wer möchte nicht, dass die anderen ihn bewundern? Wenn Du exzellente Arbeit leistest, dann fällt das auf.

Werde so gut in Deiner Tätigkeit, dass sie einfach nicht wegschauen können!

Die Leute schauen gerne zu, wenn jemand etwas super gut kann. Das bedeutet, dass die Verbesserung Deiner Fähigkeiten nicht nur zu Erfolg und Erfüllung Deiner Vision führt, sondern auch zu Anerkennung. Du bist nämlich gebaut, um besser zu werden.

Also fang an zu tun!

Mache den ersten Schritt!

Im Kapitel „Wollen..." hast Du Dein genaues, konkretes Ziel aufgeschrieben und nun geht es erst richtig los!

Wenn Du jetzt eine grobe Idee hast, wie Du dieses Ziel erreichen kannst, ist es immens wichtig, dass Du HEUTE noch den ersten Schritt machst.

Kennst Du dieses Gefühl, wenn Du gechillt auf dem Sofa liegst und

einfach nicht

aufstehen kannst?

Ich kenne das nur zu gut. Wie oft ich Hausübungen auf den nächsten Morgen aufgeschoben habe, nur weil ich mich nicht dazu bringen konnte, aufzustehen und dieses Arbeitsblatt auszufüllen.

Eines Tages ging mir das zu weit. Ich musste am nächsten Tag eine 2000 Wörter Arbeit abgeben und ich schrieb bis Mitternacht und morgens um 5 auch noch weiter. Ich schaffte es zwar, doch ich schwor mir von dem Tag an, diesem Aufschieben ein Ende zu setzen. Es war mir zu stressig und die Hektik nicht wert.

Würdest Du auch gerne wissen, wie Du Dich selbst dazu motivieren kannst, jede Art von anstrengender Tätigkeit ohne große Qualen anzufangen? Die Antwort lautet:

Mache nur den ersten Schritt!

Als ich mich nicht dazu bewegen konnte, das Handy wegzulegen und mit der Hausübung anzufangen, hat nur eine Sache geholfen. Ich überzeugte mich selber, nur die Schultasche ins Zimmer zu holen. Als ich das getan hatte, fiel mir das Anfangen mit der HÜ viel leichter und ich schob sie nicht auf. Somit hatte ich abends Zeit für Bücher wie dieses hier (welches

Du gerade liest). Ich wollte dieses Buch schon vor Monaten schreiben, doch ich nutzte Hausübungen und Pflichten als Ausreden, um nicht anzufangen und ließ mich so aufhalten. Das nächste Mal, wenn Du etwas vor Deinen Hobbys erledigen musst, denke nur an den ersten Schritt und bringe die Pflichten zu Ende, um mehr Zeit zu haben an Deiner Großartigkeit zu arbeiten.

Smile nicht vergessen

Denke daran, während dieser ganzen Selbstverwirklichung stets ein Lächeln aufzuwerfen! Hört sich vielleicht komisch an, doch Dein Gehirn kann nicht unterscheiden, ob Dein Lachen fake oder echt ist. Wie Du am Anfang des Buches erfahren hast, ist Deine gute Laune das Fundament jeder Bestleistung. Warum dann nicht ein bisschen lächeln und Vollgas weitermachen? Probiere es mal, wenn Du gerade unzufrieden oder gestresst bist! Es kann Wunder mit Dir bewirken.

Fortschritt vor Perfektion

Kennst Du diese Leute, die auf ihrem Instagram gerade mal drei Fotos gepostet haben und sie dann nach ein paar Wochen einfach wieder löschen? Ich finde das echt schade. Dann stehen sie wieder mit null Bildern da. Das ist ein klassisches Beispiel für Perfektionisten.

Wenn die Person also immer wieder ihre Fotos löscht, werden Du und ich niemals ihre Entwicklung miterleben. Das zerstört die ganze Magie des Profils.

Denke kurz über Dich nach: Wann hast Du mal an etwas viel zu lange gearbeitet und wenig Fortschritt gemacht? War es eine kleine Stelle auf einem Bild von Dir oder ein einziger Satz in Deinem Hausübungstext?

Eines kann ich Dir versichern. Alles perfekt machen zu wollen, wird Dir den Spaß und das Wachstum an der ganzen Sache wegnehmen.

Christiano Ronaldo ist nicht nur für einen Trick mit dem Fußball bekannt. Er ist einer der besten Spieler, weil er sehr viele Tricks sehr gut kann. Hätte er immer nur eine einzige Übung gemacht bis sie „perfekt" war, würde er wahrscheinlich immer noch in Portugal als Amateur spielen. Achte darauf, dass Du trotz Deiner hervorragenden Leistungen immer Fortschritte machst und Dich nicht in einer einzigen Sache verhedderst. Damit meine ich nicht, dass Du nicht perfekt sein solltest, ganz im Gegenteil, es ist wirklich großartig, wenn Du etwas perfekt schaffst, aber Du kannst Dich nur bei konstantem (andauerndem) Fortschritt und positiver Entwicklung erfüllt und zufrieden fühlen.

„Erwecke deinen inneren Superheld" ist schließlich im Titel des Buches. Wenn Du Dich nur auf das Perfektsein konzentrierst und Dich dabei gestresst und genervt fühlst

(und nicht heldenhaft/großartig...),

hat das Ganze keinen Sinn, weil Du in einem Bereich nur dann großartig werden kannst, wenn Du Dich dabei großartig fühlst. Wenn Du schon die Schnauze voll vom Klavierspielen hast, wird Deine Motivation echt darunter leiden und Du wirst Dich nicht dazu bewegen können, dieses Stück 100-mal durchzuspielen, bis es wirklich toll klingt. Wenn Du Dich beim Spielen aber super fühlst, dann wird sich Dein tolles Potential am Klavier in Form eines wundervoll klingenden Stückes entfalten.

Werde besser als Du

Wenn Du in einer Tätigkeit besser werden willst, passiert es leicht, dass Du Dich mit anderen Menschen vergleichst. Von klein auf wird uns im Kindergarten und später in der Schule gezeigt, wie gut wir im Vergleich zu unseren Klassenkollegen sind. Doch das bringt nichts! Andere Menschen haben andere Stärken. Du kannst Dich nicht mit jemandem vergleichen, der anders ist als Du! So wirst Du Dich immer auf den anderen konzentrieren statt auf Dich. Massive Verbesserung kommt, wenn Du Dich auf Dich selber fokussierst.

Online ist dieses Bild von den zwei Schwimmern bei Olympia viral gegangen. Es zeigt, wie wahre Gewinner immer auf ihre eigene Bahn fixiert sind. Was will ich damit sagen?

Vergleiche Dich mit Deiner Vergangenheit und nicht mit anderen!

Wenn Du darauf schaust, wie gut Deine eigene Leistung <u>gestern</u> war, kannst Du <u>heute</u> versuchen sie zu toppen. Wenn Du Dich aber mit anderen misst, wirst Du manchmal besser und manchmal schlechter sein, obwohl Du Dich in echt gar nicht verbessert hast.

Also nochmal, Du wirst eine extrem große Verbesserung an Deinen Leistungen spüren, wenn Du Dich mit dir selbst von gestern vergleichst. Somit sicherst Du Dir Dein eigenes Wachstum, egal was um Dich herum passiert.

Kleine Erfolge feiern

Der Mensch kommt, laut der Wissenschaft, in eine spezielle Stimmung, wenn er erfolgreich ist. Wenn wir auch nur etwas Kleines erreichen, ist unser Gehirn bereit, wir sind ambitioniert, mehr zu schaffen, als wenn wir nur die großen weiten Ziele vor uns sehen. Beim Erledigen einer einfachen Aufgabe entsteht ein Zufriedenheitsgefühl, das uns motiviert weiterzumachen.

Es reicht zum Beispiel ein Quiz zu gewinnen oder früh genug aufgestanden zu sein oder gesund gegessen zu haben!

Oder wenn Du Dein Zimmer aufräumst und Dich dann umschaust, bekommst Du auch das Gefühl, dass Du etwas erfolgreich gemacht hast! Vor allem, wenn die Idee aufzuräumen von Dir kam und nicht auf Befehl von Deinen Eltern. Also kleine Erfolge wahrzunehmen und zu feiern ist sehr wichtig.

Wie ich es im Kapitel „Wollen" erwähnt habe, sind Belohnungen ein wichtiger Teil für Motivation. Das lernte ich schon im Kindesalter:

Eines Tages machten meine Familie und ich eine Winterwanderung auf einem Berg mit sehr viel Schnee. Mein Bruder war zehn und ich zwölf Jahre alt. Der Weg war zugeschneit und der Wind wehte unaufhörlich in unser Gesicht. Wir wollten zur Hütte am Gipfel des Berges. Wir hatten nur noch 500 Meter zu laufen, doch mein Bruder und ich waren völlig fertig. Wir hatten weder Lust noch Kraft.

Allerdings war es nun schon zu spät, um aufzugeben, deshalb überlegte sich meine Mama etwas. Sie verkündete uns: „Wenn ihr euch bemüht zur Hütte nach oben weiterzuwandern, dann bekommt ihr beide die Nerf-Guns, die ihr euch schon länger gewünscht habt." Und tatsächlich rannten mein Bruder und ich dieses letzte Stück den Berg hoch! Vor ein paar Sekunden waren wir noch K.O.

und dann sprinteten wir bergauf. Es war der absolute Wahnsinn, wie stark die Auswirkung der neuen Motivation war!

Nutze deshalb Belohnungen, um Dich zum Machen zu motivieren, um Deine Ziele schneller und geschickter zu erreichen und um Dich stets großartig zu fühlen!

Wenn Du etwas tust, dann zu 100%

Neben dem Üben, Trainieren und Arbeiten bleibt doch noch jede Menge Zeit. Wenn Du wirklich jeden Tag großartig machen willst, brauchst Du folgende Taktik:

Gib jedem Tag einen Sinn!

Vielleicht hast Du Dich im Laufe des Buches gefragt, ob Du immer Deinen Zielen nacheifern musst, um einen großartigen Tag zu haben. Die Antwort lautet: Absolut nicht. Hier ist warum...

Es gibt verschiede Arten von tollen Tagen:

Pflichten-Tage

Fokus: Pflichten erledigen

Hobby-Tage

Fokus: Hobby ausüben

Chill-Tage

Fokus: Erholen/Nichts-tun

Wenn Du nicht den Sinn eines Tages vermischt,

wirst Du garantiert happy.

Es passiert oft, dass Jugendliche statt Pflichten-Tag ein bisschen chillen und daher durch unerledigte Pflichten gestresst sind.

Wenn sie dann statt ihren Pflichten nachzugehen gechillt haben, werden sie statt Hobby-Tagen ihre Pflichten machen müssen. Und wenn Du Dein Hobby nie richtig ausleben kannst, wirst Du nicht großartig darin.

Die richtige Taktik, um Dich jeden Tag super zu fühlen ist:

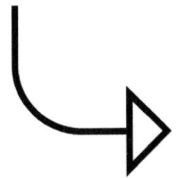

100%

GEBEN

ODER

NIX

Das heißt, wenn Du mit Deiner Familie an den Strand gehst, schau darauf, dass Du alle Deine Pflichtaufgaben gemacht hast, damit Du Deine Zeit am Strand voll genießen kannst. Wer will denn schon am Strand Hausübung machen?!

Gebe jedem Tag einen Sinn und erfülle diesen auch!

z.B.:

Strand-Tag ist Chill-Tag.

Schul-Tag ist Pflicht-Tag.

Freitag und Wochenende sind Hobby-Tage.

Das ist ein realistisches Beispiel, wie Du Deinem Tag einen Sinn geben kannst. So verhinderst Du, dass Du nichts weiterbringst, keinen Fortschritt machst oder Dich nicht richtig erholen kannst.

Diese Taktik wird Dir helfen, Dich jeden Tag großartig zu fühlen, weil Du alles großartig machst.

Wenn arbeiten, dann fokussiert.

Wenn üben, dann professionell.

Wenn chillen, dann richtig.

Ausreden & Hindernisse erkennen und eliminieren

So viele Jugendliche tun nichts und sind unmotiviert, oft wissen sie nicht einmal warum. Es sind innerliche, billige Ausreden, die sie erfinden, oder unbewusste Hindernisse, welche eigentlich nicht wahr sind, an die sie aber trotzdem glauben.

Immer, wenn Du jetzt eine Ausrede findest, etwas nicht durchzuziehen, das Dich weiterbringt, versuche diese Ausreden zu untersuchen und zu schauen, ob diese Ausreden wirklich wichtiger sind als die Vision von dem, was Du gerade machen solltest. Das geht, indem Du die Ausreden aufschreibst.

Beispiel:

„Ich habe gerade keine Lust zu üben."

Auf Papier sehen sie dann lächerlich klein aus. Das wird dir zeigen, dass Du größer und besser bist als diese kleine Ausrede.

Erinnere Dich an das Visualisieren aus dem vorigen Kapitel und stelle Dir Deinen großen Erfolg vor, denn:

Nichts und niemand kann Dich von Deiner großartigen Einstellung abhalten außer Du selbst!

Heutzutage müssen wir viel öfter gegen uns selber kämpfen als gegen andere. Wir haben keine großen

Feinde und sind nicht in der Nahrungskette. Die einzige Person, die Du meist besiegen musst, bist Du selbst. Wer hält dich davon ab jeden Morgen vor der Schule aufzustehen, um zu trainieren oder zu üben? Wahrscheinlich Du. Es ist ein Ich vs. Ich Kampf.

Diese Ausreden und Hindernisse kommen von der Außenwelt in Deinen Kopf. Du hast sie wahrscheinlich irgendwo gehört und machst es jetzt auch so. Das ist auch kein Problem, so ist der Mensch nun mal. Es macht nichts solange Du diese Hindernisse erkennst und entfernst.

Unterstützende Freunde holen

„Zeig mir deine Freunde, ich zeig dir deine Zukunft!"

- Dan Peña, US-amerikanischer Geschäftsmann

Als Jugendliche sind uns Freunde wichtig. Sie haben einen riesigen Einfluss auf unser Denken und Verhalten. Was passiert jetzt, wenn Du Dir ein Ziel setzt und eine Vision erstellst, die Dich happy macht, dann aber Deine Freunde Dich nicht unterstützen? Oder Dich sogar runtermachen, nur weil Du große Pläne hast und sie nicht!

Die meisten von uns haben sowieso sehr gute und unterstützende Freunde.

Vielleicht triffst Du aber nur Jugendliche als Mitschüler in der Klasse, die für Dich aber nicht die passenden Freunde sind. Versuche dann eben in Deiner Schule oder in Deinem Verein nach Unterstützern und Freunden zu suchen.

Wenn Du trotzdem keine passenden Freunde findest, kann ich nur empfehlen: So oft wie möglich aus der Klasse rauszugehen oder Dir einfach Deinen Teil zu denken. Ihre Hoffnungslosigkeit darf Deinen Weg zum Großartigwerden nicht stören!

Sei vorsichtig mit wem Du Deine Träume teilst!

Wenn Du bereits tolle Freunde gefunden hast, kannst Du gerne mit ihnen darüber reden, was Du machst. Und sprich nur über das, was Du gerade WIRKLICH machst! Erzähle ihnen nicht von Deinen Plänen, das kann unglaubwürdig rüberkommen. Deine Tätigkeiten und wie ihr euch gegenseitig helfen könnt, kannst Du jederzeit ansprechen.

Wenn Du zum Beispiel trainieren gehen möchtest, Dich aber nicht selbst dazu motivieren kannst, rufe einen Freund an, mit dem Du gemeinsam Sport machen kannst. Das wirkt wie ein Motivation-Zauber! Auch wenn Du jetzt keine Lust hast zu trainieren, wirst Du trotzdem Deinen Freund nicht hängen lassen.

Finde Deine Unterstützer und bringt euch gegenseitig näher zu euren Visionen!

Wiederaufstehen

Wusstest Du, dass wenn Du Dich bemühst, am Ende immer ein Happy End dabei rauskommt? Wenn Du Dich anstrengst und z.B.: für einen Test lernst, dann kannst Du folgende Resultate bekommen:

1.

Du schreibst eine super Note, weil Du sehr gut gelernt hast. **Happy End.**

2.

Es kann auch sein, dass Du eine schlechte Note bekommst. Was kann denn daran gut sein? Es stellt sich heraus, dass Du vielleicht unnötig kompliziert lernst und deshalb eine bessere Methode findest, mit der du zehn Mal so schnell und effektiver lernen kannst. **Happy End.**

Also entweder Du gewinnst sofort oder Du lernst etwas aus der Niederlage. Das nennt man manchmal auch vorwärts-fallen. Du fällst zwar, doch es bringt Dich weiter. Das ist das Happy End System. Es hilft Dir auch besser drauf zu sein und Dich großartig zu fühlen.

Jeden Tag ein bisschen

Etwas jeden Tag zu machen ist sehr mächtig und wirkungsvoll. Wenn Du zum Beispiel eine Sprache lernen willst, sind zehn Minuten am Tag schon ziemlich gut. Gleichzeitig sind 1 Mal in der Woche 1 Stunde, sehr unproduktiv. So ist das mit den meisten Fähigkeiten. Durch die Wiederholung wird auch unser Wissen vertieft. Die Wissenschaft sagt, dass von Dingen, die Du einen Monat lang nicht wiederholst, nur noch 1/3 übrigbleibt. Also übe jeden Tag, auch wenn nur kurz!

Übe jeden Tag die richtige Entscheidung zu treffen, um das Ziel zu erreichen!

Wahrscheinlich weißt Du schon, was Du eigentlich machen solltest, um mehr Erfolg zu haben. Jeden Tag hast Du die Wahl, Deinen Zielen nachzugehen oder Dich kurzfristig unterhalten zu lassen. (Videos, Serien, Filme...) Mit der Aufgabe zu beginnen ist dabei das Schwierigste. Starte indem Du nur EINE gute Entscheidung pro Tag triffst. Wenn sich diese dann schon einfach anfühlt, gehe zur nächsten Entscheidung! So kannst Du Deinen Alltag auf Erfolg programmieren, weil Du Dir das Richtige angewöhnst, um Undercover Superheld zu werden.

Die kleinen Entscheidungen im Alltag sind das A und O für langfristigen Erfolg, denn:

Wenn Du es nicht regelmäßig tust, bringt es keinen massiven Fortschritt!

In diesem Kapitel hast Du erfahren, wie Du Deine großartigen Fähigkeiten entfalten kannst und somit mehr erreichst als je zuvor. Im nächsten Kapitel findest Du heraus, was Du alles erleben kannst, wenn Du großartige Leistungen vollbringst!

Wollen, Machen, Erleben.

ERLEBEN!

„ *Das Leben wird nicht*

an der Anzahl

der Atemzüge gemessen,

sondern an den Momenten,

die uns den Atem rauben. "

- Unbekannt

Nachdem Du Deinen starken Willen erweckt hast und angefangen hast an Deiner Vision zu arbeiten, werden nach einer Weile die großartigen Erlebnisse kommen.

Dir werden wegen Deiner Fähigkeiten und wegen Deiner beeindruckenden Motivation immer mehr Türen geöffnet. Bei Wettkämpfen und Bühnen wird das Klatschen der Menge Dein ständiger Begleiter sein. Auch wenn Du nicht der Typ bist, der Klatschen und Publikum mag, wird Deine Umgebung Deine Großartigkeit loben. Das baut Dein Selbstvertrauen und Deine Selbstsicherheit massiv auf.

Die Welt wartet auf großartige Menschen wie Dich!

Die ganze harte Arbeit wird sich auszahlen und die Leuten in Deiner Umgebung werden Deinen Namen kennen. Egal, ob Du wirklich gut Klavier spielen, zeichnen, schwimmen, singen, schreiben, Fußball spielen oder fotografieren kannst, alles, was Du großartig machst, wird auf verschiedene Wege belohnt.

Stell Dir mal vor, Du machst Dir diese großartige Einstellung zum ganzen Lifestyle. Deine eigene Entwicklung wird durch die Decke gehen. Jedes Mal, wenn Du siehst, dass Du in einem Bereich besser geworden bist, wirst Du automatisch noch motivierter. Wenn Du Dir Disziplin, Zielstrebigkeit und Ausdauer schon im Jugendalter angewöhnst, steht Dein ganzes Leben lang dem Erfolg nichts im Weg.

Merk Dir, dass Du Deinen Erfolg immer messen musst. Immer wenn Du dann Deinen Fortschritt bemerkst, wirst Du Dich großartig fühlen.

Stell Dir vor, Du würdest die ganze Zeit Fußball trainieren oder ein Instrument üben und danach kein bisschen besser dribbeln oder spielen können. Ein Horror, oder? Somit hättest Du dann Deine kostbare Zeit auf Erden verschwendet und wir alle wissen, dass Zeit das Kostbarste der Welt ist. Darum kannst Du Dein Wachstum messen und darauf stolz sein.

Nie wieder wirst Du Dich klein oder unwichtig fühlen, weil Du dann weißt: Du kannst etwas. Du bist kompetent und stark. Das bewirkt der Stolz, den Du nach Deinen Anstrengungen bekommst.

Versuche jeden einzelnen Rat aus diesem Buch 30 Tage lang auszuprobieren, denn:

Das ist wirklich die Chance

Deine Großartigkeit zu entfalten!

SCHREIBE DEINE PERSÖNLICHE ERFOLGS-GESCHICHTE!

"Die Geschichte, die Du über Dich

selbst glaubst,

bestimmt Deinen Erfolg."

- Les Brown, Motivationsredner

Das bedeutet, dass die Geschichte, die Du über Dich selbst erzählst, eines Tages Deine Realität wird.

Schreibe daher die Story, die andere von Deinem Leben erzählen werden.

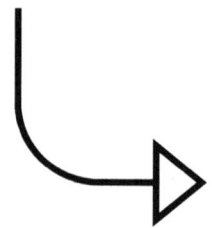

Der Anfang:

Schreibe hier ein paar Sätze, wie Du gerade im Leben stehst, was Du so machst und wie es Dir geht.

```



```

Ruf nach Abenteuer:

Wie stellst Du Dir Deine Zukunft vor? Beschreibe hier Deine Ziele! Das wird Dein Ruf nach Abenteuer sein.

```



```

Unterstützung: (z.B. dieses Buch)

Um sicherzustellen, dass Dein Traum (Ziele) in Erfüllung geht, holst Du Eltern, Bruder oder Freunde ins Boot. Erzähle, wen Du zu Deinem Unterstützer machst und was Du mit diesem besprichst!

```
┌─────────────────────────────────────┐
│                                     │
│                                     │
│                                     │
│                                     │
│                                     │
└─────────────────────────────────────┘
```

Erste Schritte:

Kurz darauf legst Du schon los, weil Du nicht zu den Leuten gehörst, die nur reden und nichts machen. Beschreibe nun Deine ersten Handlungen in Richtung Deiner Ziele!

```
┌─────────────────────────────────────┐
│                                     │
│                                     │
│                                     │
│                                     │
│                                     │
└─────────────────────────────────────┘
```

Erste Herausforderungen:

Nichts Großartiges ist leicht, daher stößt Du auf ein paar Herausforderungen. Welche könnten das sein und wie löst Du diese?

Ruhe vor dem Sturm:

Du stehst kurz vor der Realisierung Deiner Vision. Was passiert und wie ist das für Dich?

Großer Sieg:

Dein Traum wird wahr, Dein Ziel ist erreicht! Wie hast Du es geschafft? Wie hast Du Dich gefühlt?

Belohnung:

Was hast Du damit erreicht, bekommen oder gewonnen? Beschreibe Deine Resultate!

„Neues" Leben:

Wie hat sich das Erreichen dieses Ziels auf Dein Leben ausgewirkt? Wie fühlst Du Dich ab diesem Tag?

EINIGE

KLARSTELLUNGEN

„Wer fragt,
ist ein Narr für fünf Minuten.
Wer nicht fragt,
bleibt ein Narr für immer. "

- Sprichwort

Für den Fall, dass Du nach dem Lesen dieses Buches Fragen hast, habe ich Dir hier meine Antworten zu möglichen Fragen von Dir aufgeschrieben.

#1

Kann ich mich überhaupt jeden Tag großartig fühlen?

Es ist klar, dass es noch ein bisschen schwierig ist, Dir einen großartigen Tag vorzustellen, weil ein großartiger Tag für jeden unterschiedlich aussieht.

Manche Jugendliche haben sogar das Gefühl der Großartigkeit noch nie gespürt!

Der brennende Wille, der jede Zelle Deines Körpers bewegt und Dich zu Deinen persönlichen Bestleistungen motiviert und Dich somit zum stolzesten Menschen der Welt macht, kommt nicht einfach so zu Dir.

Sonst gibt es nur Fake-Gefühle von Videospielen, Filmen, Alkohol, Drogen und allen anderen Mittel, um Dich fake-großartig zu fühlen.

Wenn Du das wahre Großartigkeitsgefühl hast, wirst Du Dich nicht mehr danach sehnen das Leben von anderen erfolgreichen Menschen zu haben, weil Du so stolz auf Dich selber bist.

Also keine Sorge, die Emotion der Großartigkeit ist so gemacht, dass Du Dich immer besser fühlst, je öfter Du etwas dafür tust.

#2

Kann ich überhaupt mehr erreichen nur, weil ich großartig drauf bin?

Klingt im ersten Moment komisch, aber hast Du schon mal versucht schlecht gelaunt vom Sofa aufzustehen und freiwillig zum Training zu gehen? Das ist mit schlechter Laune und der falschen Einstellung ein Ding der Unmöglichkeit.

Menschen sind emotionale Lebewesen.

„Wir reagieren auf Gefühle und nicht auf Logik. Wir denken biologisch – also mit Emotionen." – Jim Kwik

Hast Du jemals rein logisch gedacht beim Shoppen? Wahrscheinlich nicht, weil jeder von uns mindestens 3-4 Shirts zu Hause hat und eigentlich keine weiteren braucht.

Aber Handeln nach Emotionen ist kein Problem, es müssen nur die richtigen sein.

Du springst morgens sicherlich aus dem Bett, entweder wenn dein Haus brennt oder wenn Du Geburtstag hast.

Du erreichst mehr, wenn Du Deine Aufgaben mit starken Emotionen erledigst.

Zum Beispiel wirst Du von einem halbherzigen Training viel weniger Muskeln dazugewinnen als von einem Training, in dem Du durch das starke Motivations-Gefühl an Dein Limit gegangen bist.

Dich großartig fühlen kannst Du nur, wenn Du Deine persönliche Bestleistung erbracht hast, die Du nur mit Hilfe von starken Emotionen hervorbringen kannst.

Du kannst also nur super werden, wenn Du Dich auch super fühlst.

Du musst immer wieder etwas für Deine Motivation tun (wie im Kapitel „Machen" beschrieben) und Du bist auch auf dem richtigen Weg, wenn Du Dich schon wohl fühlst.

#3

Was ist, wenn ich schon großartige Laune habe, aber deshalb nicht mehr erreiche?

Das ist nicht möglich, denn das Gefühl großartig zu sein, kannst Du nur spüren, wenn Du einen Fortschritt machst. Wenn bei Deinem Vorhaben nichts weitergeht, kannst Du Dich natürlich nicht großartig fühlen. Ändere Deine Herangehensweise oder arbeite schlauer, um Fortschritte zu erzielen und die Zufriedenheit, die Du davon erhältst, wird Dich immer stärker motivieren weiterzumachen. Im „Machen" Kapitel erfährst Du, was Du tun kannst, um Dich jeden Tag wirklich großartig zu fühlen und somit auch mehr zu erreichen.

QUELLEN

https://youtu.be/9MV8MbuQn6c

https://youtu.be/LElxpcYukqc

https://youtu.be/0ilcARIMBv4

https://youtu.be/7tzrMJVqejw

https://www.youtube.com/watch?v=5fsm-QbN9r8

Film: The Secret

https://ftw.usatoday.com/2016/08/michael-phelps-olympics-rio-chad-le-clos-usa-gold-medal-photos

Flo's Bücherliste:

Start with Why
- Simon Sinek

Emotionale Intelligenz
- Daniel Goleman

Keys to Success for Kids
- Caleb Maddix

Sorge dich nicht - lebe
- Dale Carnegie

McDonalds Story
- Ray Kroc

You're Awsome
- Matthew Syed

Mirical Morning
- Hal Erod

Er ist wieder da
- Timur Vermes

Die Welle
- Morton Rhue

Success Principles
- Jack Canfield

Rich Dad Poor Dad
- Robert Kiyosaki

The Life of an Entrepreneur in 90
Pages - Patrick Bet-David

Der Tag an dem sich alles änderte
- Thomas Klußmann

Die Meinung der anderen
- Tali Sharot

Politisches Framing
- Elisabeth Wehling

Das Maximum-Prinzip
- Brain Tracy

Wie Elon Musk die Welt veränderte
- Ashlee Vance

Wie man Freunde gewinnt
- Dale Carnegie